Textos: Eloísa Cancio Barón y Gisela Socolovsky Rudi
Ilustraciones: Fernando Fernández
Coordinación: Mercedes Lázaro Muñoz
Diseño y maquetación: Pablo Martínez

© TODOLIBRO EDICIONES, S.A.
C/ Campezo, 13 - 28022 Madrid
Tel.: 91 3009115 - Fax: 91 3009110
www.todolibro.es

MI PRIMERA ENCICLOPEDIA de los animales

TODOLIBRO

MAMÍFEROS

Algunos viven
en el agua, otros vuelan
y otros andan por la tierra, pero
todos al nacer necesitan alimentarse
con la leche de la madre. Hay muchos
tipos de mamíferos, entre ellos nos
encontramos los seres humanos.

El Elefante

Es el más grande de los animales terrestres. Come hasta 200 kilos de hierba y bebe 80 litros de agua al día. Le gustan las frutas, la hierba y las hojas de los árboles.
Los elefantes barritan.
¿Has oído barritar a un elefante?

Una hora después de nacer el elefante bebé ya se pone de pie y empieza a mamar. Durante el primer año aprende a utilizar su trompa.

Los elefantes viven en grupos. Son muy cariñosos entre sí, se tocan y acarician con la trompa. También se duchan, beben agua, respiran y corren las hojas más altas de los árboles. A veces por coger una rama pueden arrancar el árbol entero.

La Jirafa

¡Todo es largo en la jirafa! El cuello, la lengua, las patas. Tienen el cuello tan largo que pueden coger las hojas más altas de los árboles. ¡Su lengua mide casi medio metro!, y con ella envuelven las hojas antes de arrancarlas.

Para beber agua abre las patas de delante y agacha bien el cuello. La jirafa duerme muy poco y durante periodos menores de una hora.

Vive en las sabanas de África. Siempre va en grupos guiados por un macho viejo.

El Rinoceronte

El rinoceronte vive en zonas pantanosas y se alimenta de plantas.

Va acompañado de unos pajaritos que se alimentan de sus parásitos.

El rinoceronte africano tiene dos cuernos y el asiático solo uno.

El Hipopótamo

El hipopótamo vive
cerca de los ríos
y lagos.

Por la noche sale a pastar
hierbas en la orilla.

Nada bien y a menudo
camina por el fondo del río.

El Gorila

El gorila es el mayor de los monos. Vive en familias en los bosques de las montañas de África.

El bebé gorila viaja a lomos de su madre hasta los dos o tres años de edad.

Para protegerse del sol los gorilas utilizan las hojas grandes como sombreros.

El Chimpancé

¿Sabes que los chimpancés saben elegir la mejor piedra para partir nueces y comérselas?

Los monos también se comunican con gestos, muecas y posturas. El chimpancé cuando juega levanta el labio superior y enseña los dientes de arriba.

El chimpancé es un animal sociable. Para expresar sus sentimientos e intenciones utiliza 60 tipos de gritos.

El Mono Araña

El mono araña se cuelga de los árboles con su larga y robusta cola.

Da saltos de una rama a otra de hasta diez metros.

El Macaco

El macaco antes de comerse una batata la frota con agua para quitarle la tierra. ¡Qué límpio!

El Orangután

El orangután pasa la mayor parte del tiempo en los árboles. Rara vez baja al suelo y entonces, camina a cuatro patas.

Los Lémures

Los lémures
son un tipo de monos
que se alimentan
de bambú, insectos
y frutos.

En tierra se trasladan a saltos.
Es divertido verlos con los brazos
levantados y el cuerpo echado
hacia atrás dando brincos.
Viven en manadas.

El León

Los leones viven cerca unos de otros, formando manadas.

Las crías del león pasan mucho tiempo con la madre, aprendiendo a cazar.

Las leonas no tienen melena y son de menor tamaño que los leones. Al ser más ágiles que los machos, las hembras son las que cazan, mientras ellos defienden el territorio.

El Tigre

El tigre
es un animal solitario,
muy buen cazador.

Olisquea el aire para detectar a su presa, la acecha en silencio y, cuando la tiene cerca, se lanza sobre ella. Le gusta comer animales grandes pero si escasea la comida puede comer peces y tortugas.

No le gusta el calor, por eso durante el día se da baños de agua fresca en arroyos no muy profundos.

El Leopardo

Descansa mucho durante el día y por la noche sale a cazar. Es muy hábil trepando a los árboles.

La Pantera

Caza a su presa y la sube a un árbol. Una vez arriba se ayuda con las ramas para sostenerla y se la come tranquilamente.

El Guepardo

Es uno de los animales más veloces. Puede correr a 100 km por hora.

El Jabalí

Es familia del cerdo y se parece bastante a él.

Tiene unos colmillos muy grandes que afila rascándolos contra los troncos de los árboles.

Sus crías, los jabatos, nacen con unas franjas más claras en su pelaje para camuflarse y protegerse del peligro de otros animales. Cuando crecen las franjas desaparecen.

El Oso Pardo

Los osos pardos son muy buenos pescadores. En las orillas de los ríos se dedican a atrapar los peces que pasan.

También les gusta comer miel, frutos del bosque y hierbas.

El Oso Polar

Vive en los hielos del Polo Norte.
A pesar de su gran tamaño es muy ágil nadando y cazando focas para alimentarse.
Las hembras cavan cuevas en el hielo para parir a sus crías.
Las crías se quedan allí ocultas durante varios meses y su madre les cuida todo ese tiempo sin probar bocado.

El Oso Panda

Se alimenta de hojas de bambú.
Es muy ágil subiendo a árboles
y cañas de bambú.

A veces se queda dormido abrazado a los troncos.

El Oso Hormiguero

¡Para un animal tan grande un alimento tan pequeño! Este oso se alimenta de hormigas. Con sus garras abre los hormigueros y mete su larga lengua pegajosa dentro. Se come miles de ellas de un solo bocado. No las mastica porque no tiene dientes, pero con los músculos de su barriga las aplasta para digerirlas.

Marsupiales

Se los llama así porque la hembra lleva a las crías en un "bolsillo" llamado marsupio, que tiene en el vientre.

El koala. Se alimenta de hojas de eucalipto y de ellas coge el agua.

El canguro. Anda a saltos. Para mantener el equilibrio se ayuda de su cola robusta.

Cuando la cría nace es muy pequeñita, tan pequeña como una canica. Aún no está lista para vivir sola. Entonces se mete en el marsupio de su madre y pasa allí seis meses en los que termina de crecer, calentita, mamando la leche del pezón.

El camello

Tiene dos jorobas donde guarda toda su grasa y reservas de energías. El hombre los utiliza en los desiertos como transporte.

El hombre también aprovecha de los camellos su leche y se abriga con su tupida lana.

El camello tiene que agacharse para que suba el jinete.

El Dromedario

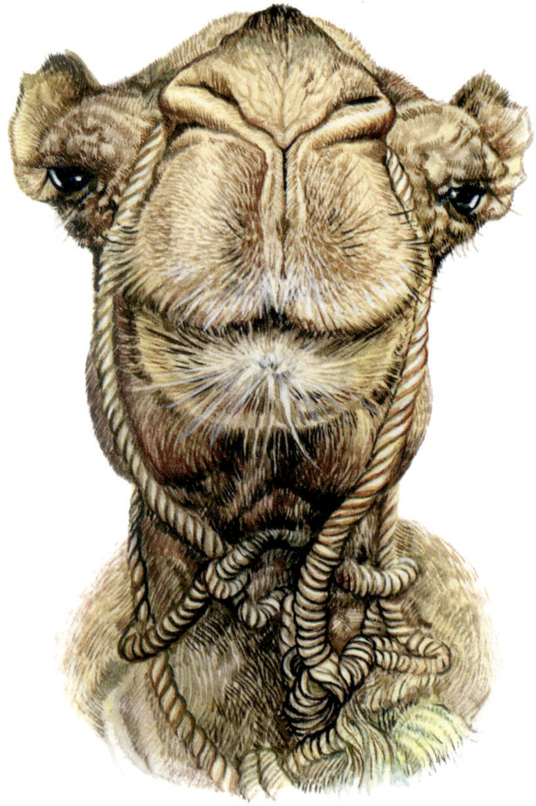

Tiene unas pestañas muy largas y su nariz se cierra herméticamente para que no le entre arena con los vientos del desierto.

Puede resistir casi una semana andando por el desierto sin beber agua. Luego bebe casi 200 litros de golpe.

El Ciervo

Vive en los bosques.
A finales del otoño
se aparea, entonces
los machos emiten
unos bramidos muy
fuertes para atraer
a las hembras.

Cuando oyen un ruido los ciervos giran las orejas, no les hace falta girar la cabeza.
Así, aunque estén comiendo o bebiendo con la cabeza agachada, saben de dónde viene el ruido.

Los machos se pelean con sus cuernos.
El vencedor tendrá más hembras a su alrededor.

El Gamo

Es de la familia de los ciervos.

El gamo macho tiene cuernas que le crecen y se le caen una vez al año.

En primavera empiezan a salirle las cuernas recubiertas de una especie de terciopelo. En verano crecen y se ramifican. Y en invierno se le caen.

La Gacela

Cuando escasea el agua, la gacela la absorbe de la corteza de los árboles y se alimenta de sus hojas.

En la selva muchos animales la ven como un apetitoso manjar. Cuando siente peligro huye a mucha velocidad. Es uno de los animales más rápidos.

La Cebra

Las rayas de la cebra le sirven para camuflarse en las praderas y despistar a sus enemigos. ¿Sábes que el dibujo de cada cebra es diferente, y que la identifica como a nosotros nos identifican las huellas dactilares?

Las cebras viven en grandes manadas y se cuidan entre sí. Mientras unas se alimentan, las otras vigilan que no se acerque ningún peligro.

Cuando nace la cría de la cebra, distingue a su madre por el dibujo de su pelaje, entonces la sigue para que la amamante y proteja.

El Caballo la Yegua y el Potrillo

Hay muchas razas de caballos. Según la raza cambia su color de pelo y su altura.
En el cuello tiene unos pelos muy largos que se llaman crines.

El caballo por lo general se encuentra domesticado por los hombres. Es uno de sus compañeros más antiguos.
Éste los utilizaba como transporte, para tirar de carruajes o en las tareas de campo. Hoy día, han sido sustituidos por vehículos con motor.

El Lobo

Los lobos viven y cazan
en manadas, luego
se reparten la carne.

Suelen salir de noche y
emiten unos aullidos muy
fuertes y agudos.

Mientras los adultos cazan,
las crías más pequeñas
quedan al cuidado de los
lobeznos de un año, sus
hermanos mayores.

La loba puede llegar a tener
hasta nueve lobeznos cada
vez que da a luz.

El Zorro

Se le puede encontrar en los bosques, páramos e incluso en las afueras de las ciudades y pueblos. Come de todo, hasta basura y desperdicios, aunque su alimento favorito son los roedores, los conejos y las gallinas.

Es un animal nocturno, vive en madrigueras que cava en la tierra. Sus madrigueras se reconocen por tener delante de la entrada huesos y restos de comida.

En primavera nacen las crías. Durante cuatro semanas, la madre les da de mamar dentro de la madriguera. El padre le deja la comida fuera para que no tenga que moverse.

El Zorro del desierto

Durante el día se refugia del calor insoportable en su fresca madriguera debajo de la arena. Por la noche sale a cazar insectos y lagartijas. Si se siente en peligro excava rápidamente y se esconde.

El zorro ártico en cambio vive en zonas muy frías.

El Zorro Ártico

En invierno su pelaje marrón se vuelve blanco para confundirse con la nieve.

El Demonio de Tasmania

Aunque tiene cara
de osito bueno, se llama
demonio porque por la
noche su gruñido suena
diabólico y es un animal
muy agresivo.

Posee una fuerte boca muy
grande, con ella desgarra
a sus presas.

Come carne de animales
vivos y muertos.

La Hiena

Si miras a las hienas a la cara parecen que sonríen; sin embargo para comunicarse emiten un aullido que semeja un llanto. Cuando están excitadas sueltan una carcajada terrible. ¡Parecen gritos de una película de miedo!

Las hienas son muy voraces. Por la noche salen a cazar en manadas y tardan pocos minutos en devorar grandes animales.

La Liebre

Es pariente del conejo. Vive en estado salvaje en bosques y terrenos llanos.

Tiene las patas traseras muy largas y es muy rápida para correr.

En invierno las liebres se reúnen para aparearse y los machos se ponen frente a frente, dan vueltas en círculos y boxean.

El Ornitorrinco

Es un animal curioso. Su cuerpo parece de nutria, las patas de rana y el pico de pato.

¡Además pone huevos! Es el único mamífero que pone huevos.

Pone los huevos en el fondo de la madriguera, a la orilla de los ríos. Es muy buen nadador y se alimenta en el agua.

¿Sabes que el ornitorrinco no tiene mamas para darle leche a sus crías? Segrega la leche por la piel de su vientre. ¡Es como si sudara leche por su barriga!

El Armadillo

El armadillo está cubierto de la cabeza a la cola por una armadura que le protege. Cuando está en peligro se enrosca formando una bola muy difícil de abrir para cualquier enemigo.

El armadillo excava túneles gracias a sus poderosas patas y a sus afiladas garras.

La Mofeta

La mofeta para defenderse se apoya sobre sus patas delanteras y apunta con su cola hacia el enemigo, entonces expulsa un líquido apestoso. El olor es tan desagradable que le quita el apetito hasta al más hambriento.

Se alimenta de un escarabajo venenoso, pero no le sienta mal porque antes de comérselo hace rodar al escarabajo con sus patas delanteras hasta que descarga el veneno. Entonces se lo come.

Sus perseguidores más temidos son las águilas, los zorros y los coyotes.

El Tejón

Es un animal nocturno: duerme de día, en el fondo de su madriguera, y sale a cazar de noche.

Es fácil reconocer al tejón porque tiene dos franjas negras en la cabeza a la altura de los ojos.

Tiene un excelente olfato gracias a él detecta su comida: ranas, lombrices e insectos que encuentra en las orillas de los arroyos.

La Ardilla

Vive en los bosques. Construye su casa en los troncos de los árboles.

Cuando se ve en peligro corre y trepa a los árboles. Sube hasta las ramas más altas, donde sus perseguidores no pueden alcanzarla.

¿Sabes que existe una ardilla voladora, que entre sus patas delanteras y traseras, tiene una piel que le permite planear como si fuera un ala delta?

La comida preferida de la ardilla son los frutos secos, las bellotas y las setas.

El Castor

Los castores tienen su madriguera en el agua, cerca de las orillas de los ríos.

Su alimento preferido es la corteza de algunos árboles pequeños.

Toda su vida conserva la misma pareja y como tienen muchas crías, forman una familia muy grande en la gran madriguera.

La Nutria

La nutria habita en
los ríos y en el mar.
Es tan ágil nadando que
hasta puede hacerlo
de espaldas mientras
aprovecha para descansar.

Los padres enseñan a nadar a
su cría. Al poco tiempo también
aprende a cazar.

También le gusta dar saltos
en el agua para jugar.

Las nutrias fabrican verdaderos
toboganes en la hierba o en el
barro que rodea a los ríos.
Por ellos se deslizan hasta
llegar al agua.

El Erizo

En invierno hiberna en su nido de hierbas y hojas secas.

Para llevarse manzanas a su nido las agrupa en un montón y se revuelca sobre ellas. Así se le clavan en las púas y las transporta cómodamente.

Para defenderse se dobla sobre su barriga y se vuelve una bola llena de púas.

El Puercoespín

Las púas del puercoespín son muy fuertes y largas. Las lleva en la parte trasera de su cuerpo. Si se le gastan los dientes no tiene problemas, le crecen otros.

Cuando se siente amenazado eriza los pelos ásperos de su frente y hace un ruido frotando las espinas de su cola; también gruñe y patalea. Si eso no es suficiente para espantar a su agresor es capaz de atacarle con las púas.

El puercoespín suelta las púas y las clava en la piel del enemigo. Las heridas pueden llegar a infectarse y causarle la muerte.

El Topo

El topo ve muy poco. Vive bajo tierra, donde cava túneles para abrirse camino entre las raíces.

Las toperas son agujeros en el suelo tapados por montones de tierra. Se alimentan de raíces y cultivos. Los campesinos no los quieren porque les arruinan las cosechas.

El topo tiene un almacén de gusanos. Allí guarda cientos de ellos, les muerde una parte para que no puedan escapar. Los mantiene vivos y frescos para la hora de comérselos.

El Murciélago

¡El murciélago es el único mamífero que vuela!

El murciélago lanza unos sonidos que rebotan en otros animales; así encuentra su comida, y aunque no ve, no se choca al volar. Come todo tipo de insectos que caza en pleno vuelo. El murciélago frugívoro se alimenta de fruta.

Colgado boca abajo duerme durante el día en cavernas oscuras. Tiene los ojos muy pequeñitos y no ve bien. Las orejas le sirven de radar.

La Rata y el Ratón

Los ratones y ratas que viven en la ciudad están cerca de lugares donde hay desperdicios. Se alimentan de todo, y pueden transmitir enfermedades porque rondan la basura.

Los ratones de campo comen semillas y restos de raíces. Almacenan su comida en la madriguera.

El Hámster

Es un roedor parecido a la rata común pero sin cola. Puede vivir bajo la tierra, como los topos.

El hámster come pipas de girasol, otras semillas y frutas. Para comer semillas las coge con sus patitas delanteras y las va girando mientras las muerde con sus cuatro fuertes dientes.

El Conejo

Vive en la granja, duerme en conejeras y come zanahorias y restos de verduras.

La hembra puede dar a luz hasta diez conejitos. Para abrigar a los recién nacidos, la coneja se arranca con los dientes los pelos de su vientre y los cubre con ellos mientras les da de mamar.

También hay conejos silvestres en los campos. Suelen destrozar los cultivos ya que comen raíces y cereales. Llenan toda la tierra de agujeros con sus madrigueras.

Los Perros

El perro tiene muy buen olfato. Es un animal inteligente y leal. Hay muchas razas de perros. En distintas partes del mundo ayuda al hombre a realizar sus tareas.

El setter irlandés es un excelente cazador y acompaña al hombre en las tareas de caza por el monte.

El husky siberiano es utilizado en las zonas frías para tirar de los trineos sobre el hielo.

El pastor alemán es bueno para cuidar las ovejas. Es inteligente y lo utilizan como perro policía.

En las ciudades los perros viven como mascotas: bulldog, snauzer gigante, fox-terrier, bóxer, pequinés, gran danés...

Los Gatos

Son muy ágiles.
Pueden caer desde gran altura sobre sus cuatro patas.
Sus largos bigotes les sirven para detectar obstáculos en la oscuridad.

El gato montés vive en bosques y matorrales. Es muy parecido al gato doméstico pero más grande, y tiene una cola muy gorda y peluda. De noche sale a cazar roedores y conejos.

Tienen muy buen sentido de la orientación: pueden volver a casa desde muy lejos ¡con los ojos cerrados!

Hay muchos tipos de gatos. Algunos pasan su vida al lado del hombre, como el gato siamés, el gato persa y el gato doméstico.

El Burro

Es muy terco,
si decide pararse
no hay quien lo
mueva.

Los burros son parientes de los caballos. El hombre los utiliza como animal de carga, para transportar mercancías o para tirar de los carros.

Los Cerdos

Les gusta revolcarse en el barro para quitarse los parásitos de la piel.

Viven en granjas o en criaderos industriales. El hombre los cría por su carne. El jamón que comemos es la pata del cerdo.

La cerda puede tener hasta veinticuatro cerditos al año. Cuando nacen los cerditos cada uno coge su tetilla. Siempre mamará de la misma.

La Cabra

Es vegetariana. Se alimenta de hierbas y brotes tiernos. Con la leche de la cabra se hacen ricos quesos.

El macho cabrío tiene una piel muy resistente con la que se hacen tambores.
Las crías de la cabra se llaman chivos. Los chivos pelean entre sí con sus cuernos curvados hacia atrás. Así miden su fuerza cuando están creciendo.

El Toro

A las vacas y a los toros
se los llama ganado bovino.
El toro es el macho de la vaca.

Con su cola espantan las moscas.
La vaca tiene los cuernos más
pequeños que los del toro.

La Vaca y el Ternero

La vaca vive en campos y granjas. Tiene una lengua larga con la que envuelve la mata de hierba antes de arrancarla y comérsela.

El hombre aprovecha de ella su leche y su carne. Con la leche produce mantequilla, queso, yogur y otros productos que nosotros compramos en las tiendas.

La Oveja el Carnero y el Cordero

Las ovejas viven en los campos. Siempre van juntas y siguen a la más fuerte.

En primavera se esquila a las ovejas y con su pelaje se hace la lana. También en las granjas se hace queso con la leche de la oveja.

Un pastor las cuida y las lleva a distintos prados para que coman pastos tiernos. Muchas veces debe recorrer kilómetros por la montaña hasta llegar a sitios donde su rebaño pueda pastar.

Las Ballenas

No tienen agallas,
no son peces.
Las ballenas flotan
en el agua cuando
duermen para dejar
el respiradero al aire.

Las ballenas comen grandes cantidades
de peces y crustáceos pequeños.
La comida de la ballena se llama krill.

Las crías de
las ballenas se
alimentan de la
leche de la mamá.
El ballenato de la
ballena azul toma 90
litros de leche al día.

El Narval

El narval macho tiene un largo
cuerno de más de 2 metros.

El Cachalote

El cachalote llega a pesar 40 toneladas.
Tiene dientes en la mandíbula inferior.
Con ellos se alimenta de calamares
y sepias gigantes.

Las Orcas

Las orcas son delfines
que pueden medir 9 metros.
No dudan en salir fuera del
agua para atrapar a sus
presas en la playa.

El Delfín

Respira por medio de un agujero en medio de la cabeza llamado respiradero.

Se comunica a través de sonidos agudos que además le sirven para orientarse.

Las Morsas

Las morsas utilizan los colmillos para arrastrar su pesado cuerpo por el hielo, donde viven. También los usan para pelearse.

El Elefante Marino

¿Sabes que la grasa del elefante marino es sebo, como el de las ballenas, y los mantiene calentitos?

El León Marino

La mamá del león marino reconoce a las crías por el olor y el tacto.

Las Focas

Las focas reconocen a sus crías tocándoles el hocico.

Son muy pesadas, pero en el agua son buenas nadadoras. Bucean a grandes profundidades para buscar presas que comer.

Se juntan en costas apartadas a las que vuelven todos los años.

REPTILES

Nacen de un huevo.
Tienen la piel recubierta
de escamas. A su forma
de andar se le llama reptar.
Tienen la sangre fría porque
su cuerpo no fabrica calor.

El Cocodrilo

¿Sabes que hay un pájaro que se mete en la boca del cocodrilo y le limpia los dientes de restos de comida?

El cocodrilo se alimenta de peces, cebras y antílopes a los que caza desde el agua.

Las crías de cocodrilo saben nadar desde que salen del huevo.

La Lagartija

A las lagartijas les gusta el sol, son animales diurnos.

Tienen unos dedos largos y fuertes para trepar por muros y paredes.

Si a una lagartija se le parte la cola con el tiempo le sale otra.

El Camaleón

El macho del camaleón de Jackson tiene dos grandes cuernos junto a los ojos y uno más en el hocico.

El camaleón tiene una lengua larga y pegajosa que lanza rápidamente para cazar insectos. Puede mover los ojos independientemente uno de otro.

Es un lagarto que cambia el color de la piel. Cuando se siente amenazado, se vuelve del color de la tierra donde está posado para que su enemigo no le vea.

Boa Constrictor

La boa mata a sus víctimas asfixiándolas. Después las traga enteras.

La Víbora

La víbora guarda en sus colmillos veneno. Se la reconoce por su cabeza triangular.

La Culebra

La culebra vive en zonas húmedas y no hace daño. Mantiene a los ratones alejados de las granjas y las huertas.

Culebra de Leche

Sus vivos colores imitan a la serpiente coral, así parece que es muy peligrosa.

La Anaconda

La anaconda es una de las serpientes más largas. Vive cerca del agua, donde espera a sus presas cuando van a beber.

La Cobra Roja Escupidora

Expulsa el veneno rociando a su enemigo. El veneno puede causar ceguera permanente.

La Tortuga

La tortuga laúd es el mayor de los reptiles marinos: pesa media tonelada y mide dos metros. Se sumerge a grandes profundidades para atrapar medusas gigantes, su alimento.

Los bebés de tortuga laúd corren hacia el mar nada más salir del huevo.

La tortuga carey corre peligro de desaparecer. Se la caza por la belleza de su caparazón.

La tortuga doméstica en otoño deja de comer y se prepara para hibernar durante todo el invierno. En primavera se despierta del largo sueño.

El Basilisco

El basilisco es capaz
de correr sobre la
superficie del agua.

A este animal le gusta estar sobre las ramas que
hay a orillas de los ríos. En caso de peligro se
zambulle en el fondo del agua.

Se alimenta de hojas
y de frutos.

El Dragón de Komodo

El dragón de Komodo es un lagarto grande y pesado. Persigue cervatillos y cerdos.

El Clamidosaurio

Cuando se siente amenazado este lagarto muestra con orgullo su collar. Así parece más grande de lo que realmente es.

La Iguana Marina

La iguana marina es el único lagarto que se sumerge en el mar. Es vegetariana, se alimenta de algas marinas de las islas Galápagos, donde vive formando colonias.

INVERTEBRADOS

¡Un mundo
en miniatura!
Son los animales que
no tienen columna vertebral.
Son mayoría en el reino animal.
Los más conocidos son los insectos.

Las Arañas

La araña de jardín habita en los bosques y jardines. Su tela llega a medir hasta 50 centímetros de diámetro.

La picadura de la viuda negra puede llegar a matar a una persona.

Hay muchas clases de arañas. No son insectos, pertenecen a la familia de los arácnidos. La mayoría de ellas teje una telaraña con un hilo pegajoso con el que atrapan a sus presas.

La tarántula es una araña venenosa. Su picadura puede matar a un pájaro o a un animal pequeño. A los humanos puede provocarnos un dolor como el de una picadura de avispa.

El Escorpión

También pertenece al grupo de los arácnidos.

La hembra pone los huevos, los cuida y cuando nacen las crías las lleva en el lomo durante un tiempo.

El escorpión es un animal peligroso. Tiene un aguijón venenoso en su cola que clava a sus presas.

Las picaduras del escorpión africano pueden matar a un hombre.

Llega a medir 15 centímetros. Vive en zonas de climas cálidos.

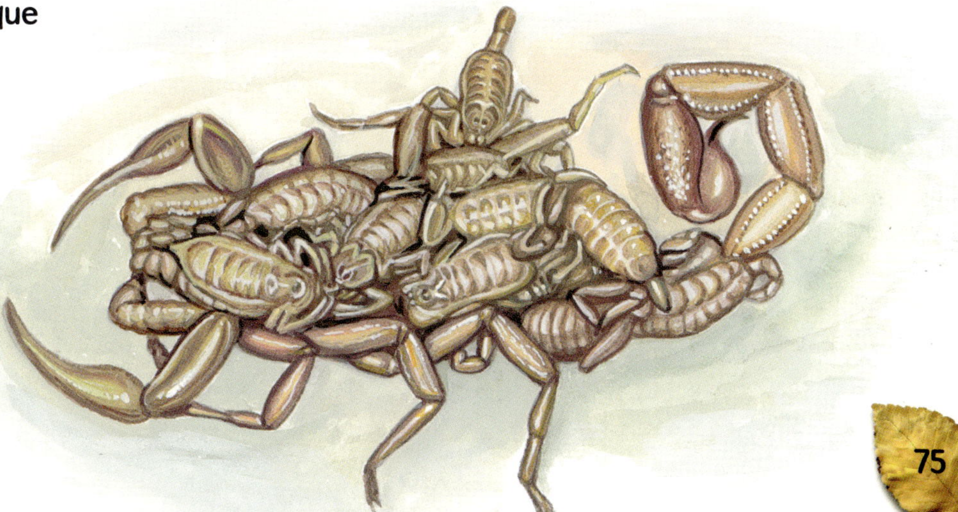

Los Escarabajos

Hay muchas clases de escarabajos. ¡Muchísimas! Más que de cualquier otro animal.

La mariquita también es un escarabajo. Al nacer es amarilla pero luego se vuelve roja con puntos negros. Se alimenta de pulgones, que son unos parásitos de las plantas, por eso el agricultor se alegra al verla.

El escarabajo rana tiene músculos muy fuertes en las patas de atrás y con ellos puede saltar cuando está en peligro.

El escarabajo pelotero hace bolas de estiércol de las que se alimenta y donde pone los huevos.

La Mosca

¿Sabes por qué es tan difícil cazar una mosca? Las moscas tienen ojos compuestos, es decir, en cada uno de ellos hay cientos de ojos pequeñitos. Con ellos ven el movimiento más pequeño.

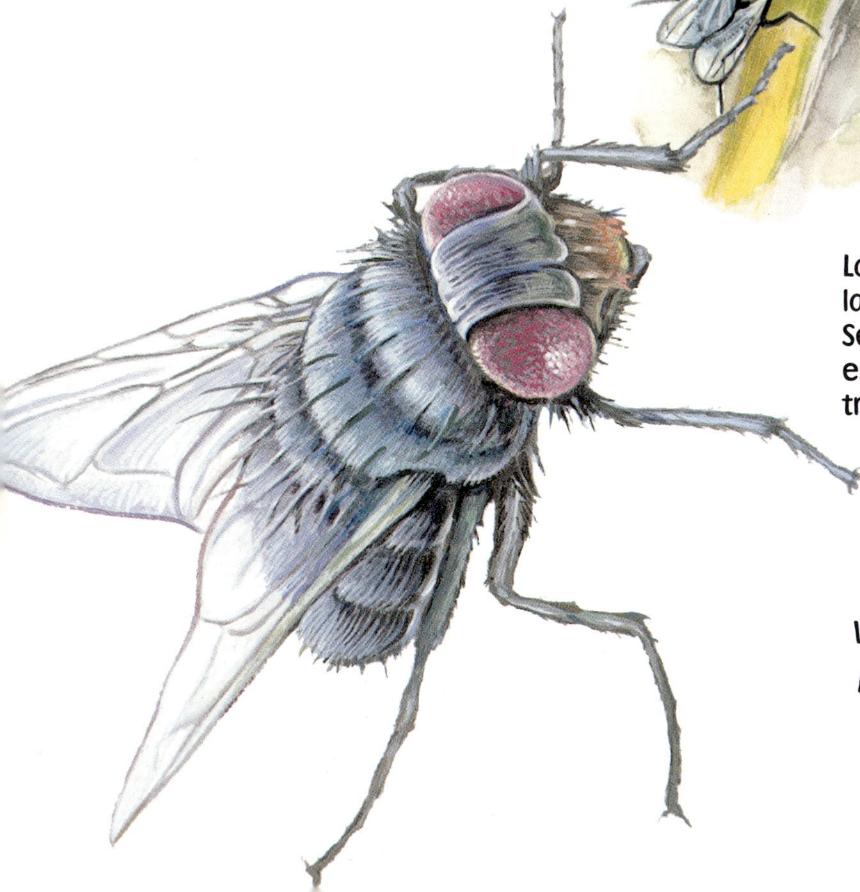

La mosca doméstica es la más conocida por nosotros. Se cría en la basura y el estiércol y a veces puede transmitir enfermedades.

Viven entre seis y veinte días. En ese tiempo llegan a poner hasta 30.000 huevos.

Las Mariposas

La mayoría de las mariposas tienen colores brillantes en las alas. Los colores les sirven para reconocerse entre las especies, para atraer a su pareja o para camuflarse y despistar a sus enemigos.

Algunas usan las alas para absorber la luz del sol en zonas donde hace mucho frío. Se quedan quietecitas, con las alas extendidas, y así cogen energía para volar.

La lengua de las mariposas tiene forma de tirabuzón. Con ella extrae el néctar de las flores, su alimento.

La metamorfosis de las mariposas.

1) La mariposa hembra pone los huevos en una planta.
2) Nacen las orugas.

3) Cuando la oruga crece se transforma en crisálida: se envuelve con un capullo de hilo, dentro del cual se está volviendo mariposa.

4) A las dos semanas la mariposa sale del capullo para volar entre las flores.

Existen también mariposas nocturnas o polillas. Las más conocidas son las polillas de la lana, hacen auténticos agujeros en chaquetas y jerséis.

El Saltamontes

Tiene unos fuertes músculos en las patas traseras. Con ellos puede dar saltos de casi medio metro.

Hay saltamontes de muchos colores y los utilizan para camuflarse con su entorno y despistar a sus enemigos.

Se alimenta de plantas que arranca con sus fuertes mandíbulas en forma de pinza.

Los Mosquitos

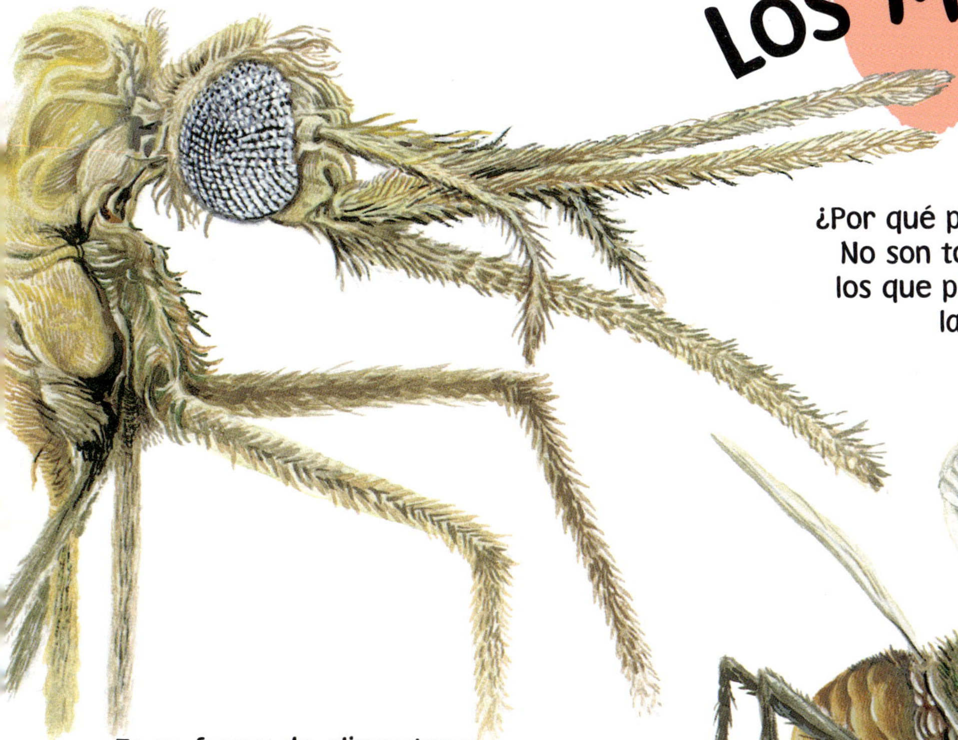

¿Por qué pican los mosquitos?.
No son todos los mosquitos
los que pican, sólo lo hacen
las hembras.

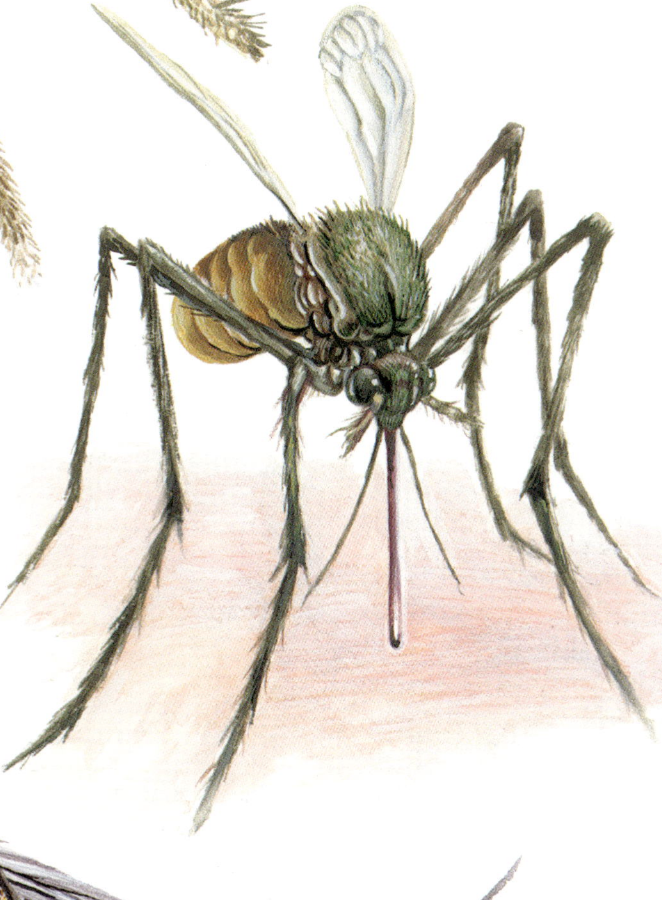

Es su forma de alimentarse.
Su comida preferida es la sangre
y la toman perforando la piel con
su boca, que tiene forma
de tubo afilado.
Al hacerlo depositan un líquido
para que no sintamos su presencia.
Cuando nos empezamos a rascar, metemos
ese líquido dentro de nuestra piel y eso
nos irrita. Así nos salen las ronchas.

Las larvas de mosquito viven
en el agua estancada.

Las Abejas

Viven en colonias
llamadas colmenas.
En cada colmena hay
sólo una hembra que
pone los huevos, la
abeja reina, y muchas
otras hembras muy
trabajadoras a las que
se les llama obreras.
Éstas son las que
fabrican la cera
y la miel.

Las abejas tienen un aguijón en
la parte de atrás de su abdomen.
Si pica puede causar bastante dolor.

El hombre
construye
colmenas
artificiales
y extrae la miel
de los panales.
A esta actividad se la
llama apicultura.
La miel es un alimento muy sano y
nutritivo.

Las Avispas

Fabrican los nidos con fibras de madera que mastican y transforman en una especie de papel. Construyen unas celdillas con una perfecta forma hexagonal y en cada una ponen un huevo.

Las avispas tienen en el abdomen rayas amarillas y negras.

Cuando pican duele bastante. No suelen hacerlo salvo que sean molestadas o se sientan en peligro.

Las Hormigas

Las hormigas viven en comunidades. Su casa se llama hormiguero y suele tener muchas galerías debajo de la tierra.

Son muy trabajadoras. Recogen hojas e insectos pequeños y los llevan al hormiguero. Allí alimentan a sus crías y almacenan comida para el invierno.

El Caracol

Al caracol le gusta mucho la humedad. Tiene un cuerpo blando y viscoso, y anda deslizándose.

Puedes ver la huella de un caracol porque deja una línea de baba que brilla con el sol. Se alimenta de hojas de las plantas.

El caracol va con su casa a cuestas. Cuando siente peligro, o quiere dormir, se mete dentro de su caparazón.

La Libélula

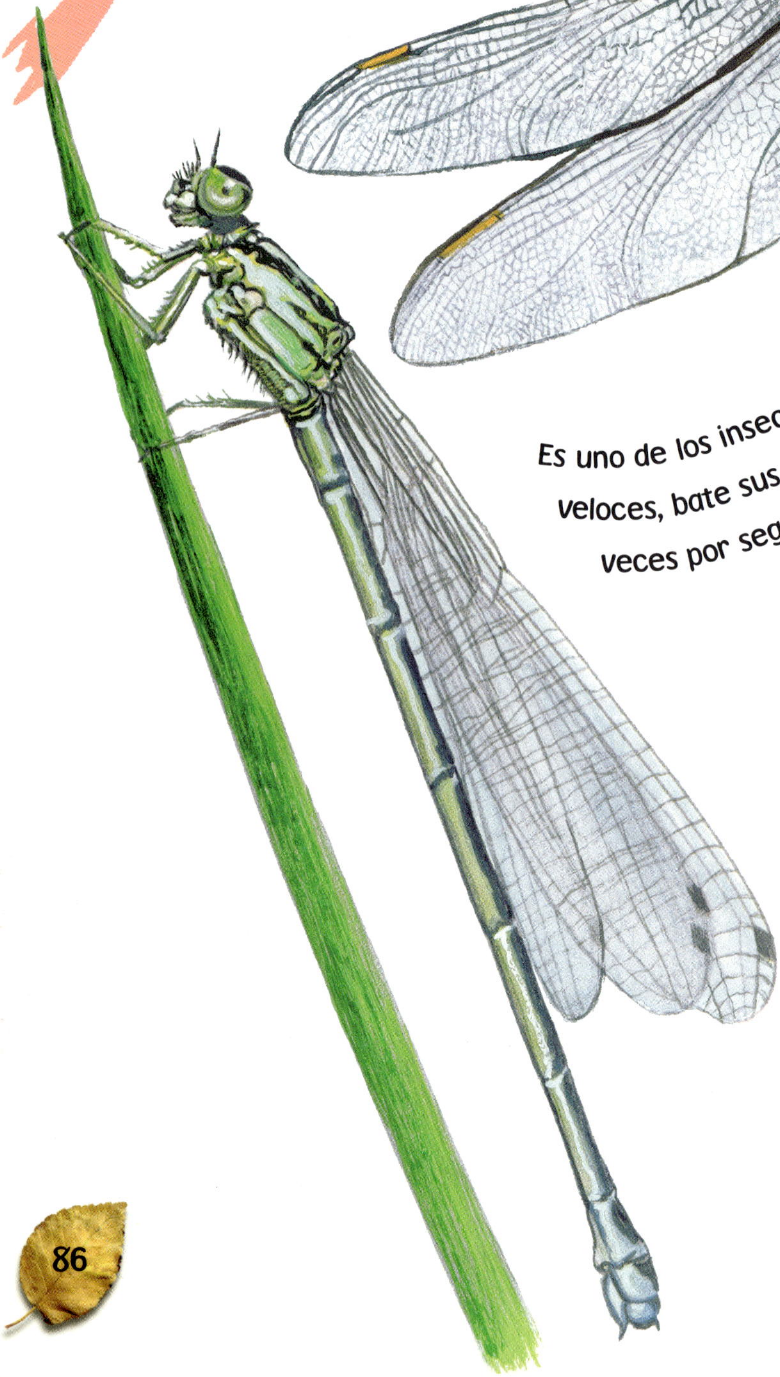

Es uno de los insectos más veloces, bate sus alas 20 veces por segundo.

La libélula posee unos colores brillantes y los utiliza para llamar a su pareja.

Tiene unos ojos muy grandes. Con ellos puede ver un insecto a gran distancia y cazarlo al vuelo. Le gusta comer moscas, mosquitos y abejas.

La Mantis Religiosa

Se la llama así porque espera quietecita a sus presas disfrazada de flor, con sus patas delanteras plegadas hacia arriba, como si estuviera rezando.

Cuando algún apetitoso insecto se posa en la flor. ¡Zas!, lo ataca lanzándose sobre él.

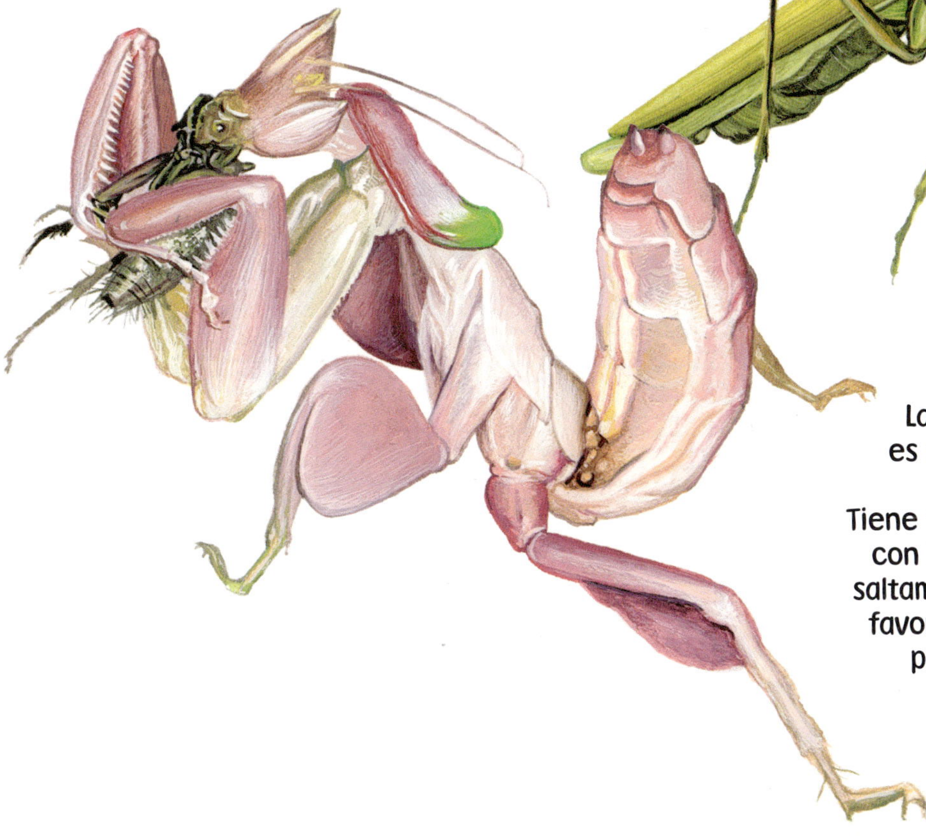

La mantis hembra es más grande que el macho. Tiene feroces mandíbulas con las que devora al saltamontes, su alimento favorito. Es inofensiva para el hombre.

Las Chinches

Las chinches tienen unos colores muy vivos. Pero entre los animales eso es señal de tener muy mal sabor. Así se libra de sus enemigos.

Insecto-palo

¿Has visto un insecto palo sobre una rama?, resulta difícil.

Este insecto parece ser parte de la rama. Pocas veces puede distinguirse y eso le sirve para despistar a sus cazadores.

La Cucaracha

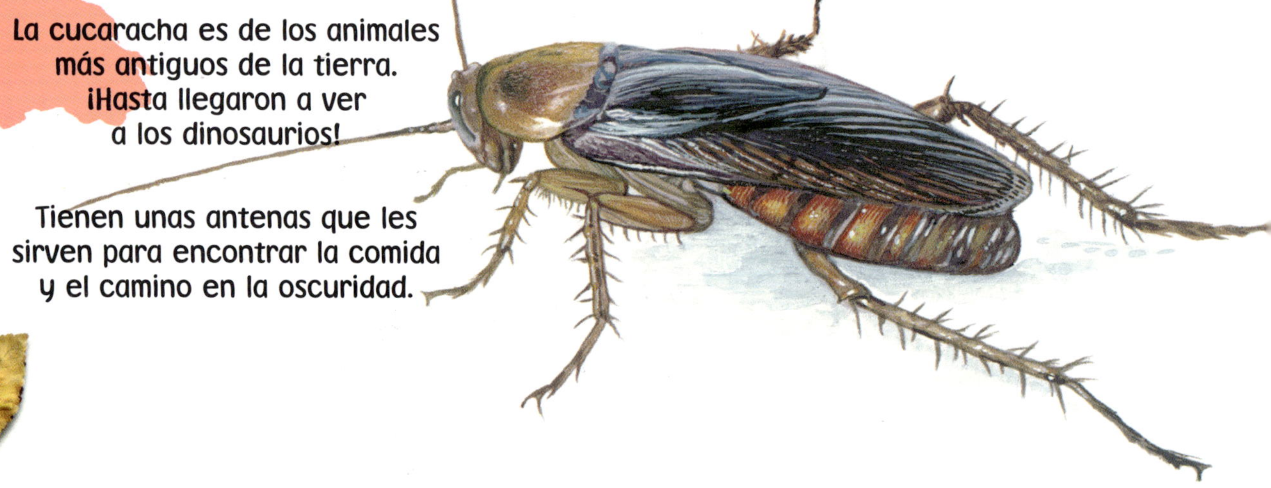

La cucaracha es de los animales más antiguos de la tierra. ¡Hasta llegaron a ver a los dinosaurios!

Tienen unas antenas que les sirven para encontrar la comida y el camino en la oscuridad.

El Ciempiés y el Milpiés

Ni los ciempiés tienen cien pies, ni los milpiés tienen mil pies, pero sí es cierto que ambos tienen muchas patas.
Los ciempiés pueden llegar a tener hasta 200 patas y los milpiés un máximo de 700.

Son carnívoros, se alimentan de otros bichos como caracoles y babosas.

Caminan con un movimiento ondulatorio que parece formar un oleaje con sus patas. ¡Las tienen que mover ordenadamente para que no se les enreden!

La Lombriz

No tiene dientes
y sólo puede comer chupando.
Se mueve siempre en sitios oscuros.
Le gusta mucho la humedad y huye
del clima seco.

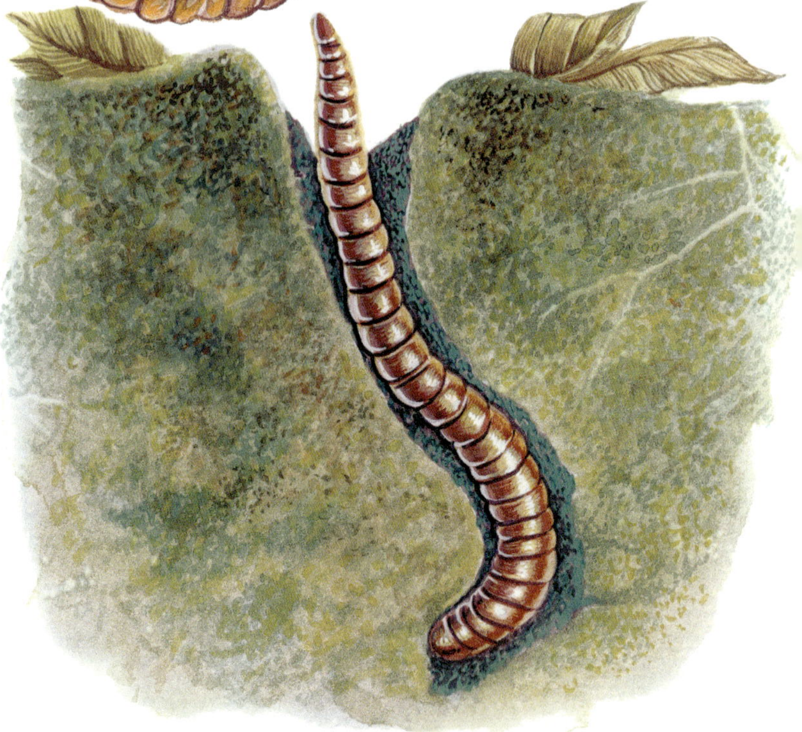

Es bueno que la tierra
de las huertas tenga lombrices,
pues éstas al moverse la airean.

PECES

Viven en el agua.
Su cuerpo está
recubierto de escamas.
Tienen aletas que les sirven para
nadar y se reproducen por huevos.
Los grupos de peces se llaman
cardumen.

El Tiburón

El gran tiburón blanco caza lobos marinos, atunes, sepias gigantes, delfines y otros tiburones. Es muy agresivo.

Los bultos de la cabeza del tiburón martillo le sirven para aumentar la visión y el olfato.

Otros, como el tiburón ballena, se alimentan absorbiendo agua por su gran boca abierta y filtrándola por las branquias.

El Salmón

Es un pez de río y de mar.
El salmón nace en agua dulce, en los torrentes. A los dos años se dirige al mar. Enseguida se acostumbra al agua salada.

Cuando se tiene que reproducir cruza de nuevo el mar y vuelve al torrente donde nació. Para encontrar ese lugar utiliza su excelente olfato y nada con mucha fuerza contra la corriente.

Peces del Mar

1. *Las caballas* se trasladan formando bancos.

2. *El pez espada* utiliza la espada para partir sus presas y comérselas mejor.

3. *El besugo* viaja en grandes bancos cerca de las rocas.

4. *Las morenas* viven en las grietas y cuevas de las costas rocosas.

5. *El bacalao* esparce millones de huevos minúsculos por el mar. Es el desove.

6. *El lenguado* descansa enterrado en la arena. Entonces sólo se le ven los ojos.

7. *El pez globo*, cuando ve a un enemigo cerca, traga agua para hincharse. Redondeado no podrán tragarle.

8. *El rape*, desde su escondite de arena, atrapa con su gran boca calamares, langostas y peces pequeños.

El Fondo del Mar

1. 6. *La sepia y el calamar*. Son maestros en el disfraz: pueden cambiar de color en un instante.

2. *Las ostras*. Algunas guardan tesoros en su interior: las perlas.

3. *El salmonete*. Con ayuda de sus barbas busca camarones escondidos en la arena.

4. *El pulpo*. Rompe caparazones de cangrejos con la boca, parecida a la de un loro.

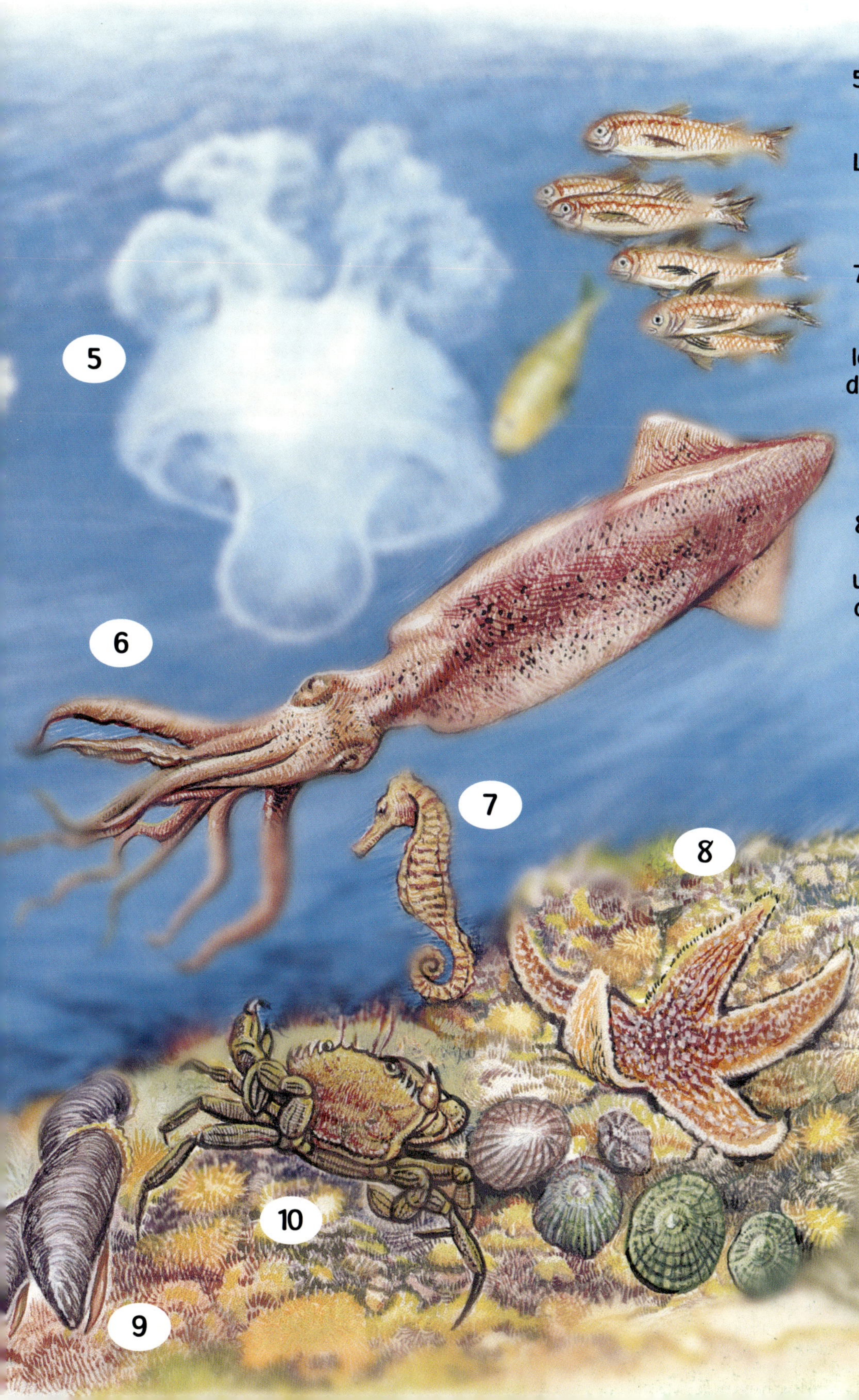

5. *La medusa.* Se deja arrastrar por las corrientes. La mayor parte de su cuerpo es agua.

7. *El caballito de mar.* Es el macho el que lleva los huevos de las crías en una bolsa de su abdomen. Ahí los cuidará hasta que salgan los bebes.

8. *La estrella de mar.* No tiene ojos. Tiene unos puntos de visión al final de los brazos.

9. *Los mejillones y las lapas.* Están protegidos por las valvas y pegados a las rocas.

10. *El cangrejo.* El caparazón del cangrejo le protege de los ataques de otros animales.

Peces de Corales

1. *El pez ballesta* disimula su figura entre las rocas y corales gracias a su colorido.

2. La hembra del *pejesapo* nada por el fondo del mar con su pareja mucho más pequeña, pegada al costado o al lomo.

3. *Los peces payaso.* Pasean tranquilamente entre los tentáculos de las anémonas, que son peligrosos para otros peces.

4. El *angelote negro.* Tiene unas marcas brillantes cuando es joven. Al crecer le desaparecen.

5. El *pez mariposa* disimula sus ojos con una franja negra y tiene dos ojos falsos cerca de la cola.

6. El *pez escorpión.* Se camufla entre las piedras y las algas. Las espinas que le cubren son venenosas.

7. El *pez loro.* Tiene unos dientes con los que rompe el duro coral.

La Piraña

La piraña es un pez muy voraz del río Amazonas. Varias pirañas juntas pueden devorar a un animal grande en segundos.

El Pez Hacha

El pez hacha puede revolotear sobre la superficie del agua rozándola, batiendo sus aletas pectorales.

El Pez Volador

El pez volador tiene unas aletas que cuando brinca fuera del mar las extiende y le permiten "volar".

Vuela a gran velocidad. Puede alcanzar los 56 km/h, y desplazarse hasta 200 m.

ANFIBIOS

Viven tanto en el agua
como en la tierra.
Tienen la piel desnuda: sin pelo
ni plumas ni escamas, y respiran
a través de ella. Se reproducen
en el agua.

La Rana

Las crías son los renacuajos.
Los renacuajos son muy
distintos a las ranas adultas.

A diferencia del sapo,
que tiene la piel llena
de manchas y verrugas,
la rana posee una piel lisa.

Algunas ranas tienen habilidad
para saltar; otras caminan, reptan o corren.

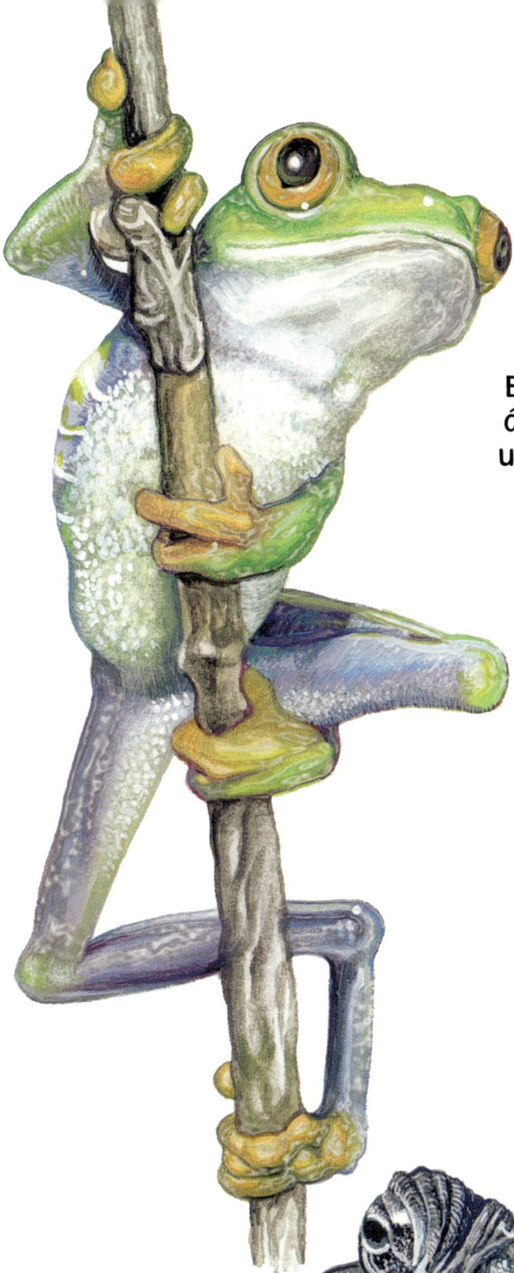

La Ranita de San Antonio

Esta rana verde trepa a los árboles gracias a que tiene unos discos adhesivos en los dedos.

Las ranas de brillantes colores advierten a sus enemigos de que son venenosas.

La Rana Toro

El macho de la rana toro americana defiende su territorio con agresividad: llega a morder incluso al hombre.

El Sapo

El sapo cornudo
ornado es capaz
de cazar ratones.

El sapo tiene una bolsa
de veneno detrás de los ojos.
Si siente peligro lanza un chorro
de veneno sobre su atacante.
La piel del sapo es seca
y tiene verrugas.

El Tritón

Vive en aguas frescas de las montañas. El tritón es lento en la tierra y ligero en el agua.

La Salamandra

La salamandra común. Se alimenta de insectos y caracoles que atacan los cultivos. Por eso es una buena amiga del agricultor.

El Gallipato

El gallipato es el mayor tritón de Europa. Los bultos que tienen los gallipatos en los costados son las costillas.

AVES

Su cuerpo
está cubierto
de plumas.
Tienen alas y nacen
de un huevo. La mayoría
de las aves vuelan.

El Águila

El águila construye su nido a grandes alturas, sobre árboles o empinados riscos.

Tiene unas poderosas garras y un pico en forma de gancho para desgarrar a la presa.

Desde la antigüedad se le ha considerado un símbolo de poder. Cada una de las plumas de águila del tocado de los indios de Norteamérica equivalía a un acto heroico.

El Halcón

El halcón
se lanza en picado sobre sus
víctimas mientras vuela
Es un cazador feroz.

El Cernícalo

El cernícalo se queda
muy quieto cuando siente
peligro. La inmovilidad
y el color de sus plumas
le ayudan a salir airoso
de su enemigo.

El Milano Negro

Acude a la guerra de
matorrales para
alimentarse de los
insectos y animales
medio muertos que
huyen del incendio.

El Buitre

El buitre se alimenta de animales muertos. No tiene plumas en la cabeza porque se le mancharían y no podría limpiárselas.

El buitre, después de una comilona, busca un río para darse un chapuzón.

El buitre egipcio o alimoche come huevos de avestruz. Rompe la cáscara del huevo tirándole piedras.

La Lechuza

La lechuza es una gran amiga del hombre. Descubre ratones con su buen oído y se lanza sobre ellos en la oscuridad total gracias a su aguda vista.

El Búho Real

El Mochuelo Común

El búho real coloca el nido en el suelo, en rocas y árboles huecos.

La lechuza y el búho son aves que cazan de noche y duermen de día.

El mochuelo común caza de noche y también de día.

La Cigüeña

La cigüeña construye su nido sobre campanarios, torres y árboles altos.
En invierno viaja a África.

Los nidos están fabricados de ramas, hierba, pelusa de las plantas y ¡hasta de trapos viejos!

La cigüeña se alimenta de ratones, ranas y peces.

El Cisne

El cisne, antes de levantar el vuelo, avanza chapoteando por la superficie del agua.

Vive a orillas de los lagos y los ríos. Ahí es donde también pone los huevos. Los cisnes se zambullen en el agua en busca de plantas.

El Pato

Al final del verano, bandadas de patos emigran hacia países cálidos.

El colorido del pato mandarín llama la atención de sus enemigos; uno de ellos es el halcón.

El pato sumerge medio cuerpo en el agua para comer plantas acuáticas.

El Flamenco Rosa

El flamenco rosa vive en bandadas en las orillas de los ríos y en las llanuras pantanosas.

Las largas patas del flamenco impiden que se manche las plumas. Se alimenta de algas y de pequeños crustáceos, que atrapa con su afilado pico.

El Pelícano

El pelícano tiene una bolsa debajo del pico que le sirve para almacenar peces.

Vive en zonas pantanosas, en lagos y en invierno también se le puede ver en costas no muy frías.
Los pelícanos son grandes. Llegan a medir 3 metros de ala a ala.
¿Cuánto miden tus brazos abiertos en cruz?

El Albatros

El albatros pasa largos años viajando miles de kilómetros por el mar.

Come calamares, peces y otros animales marinos.

Sólo va a tierra a criar. La hembra del albatros pone un huevo cada dos años. Un huevo sólo, sí, ¡pero de medio kilo!

El Petrel Gigante

Se alimenta de carne y ataca los nidos de otras aves marinas. Es agresivo y roba la comida de otros pájaros más pequeños que él.

La Gaviota

Es un ave voraz, se alimenta de todo, también de los huevos del frailecillo.

El Frailecillo

Protege sus huevos de las gaviotas anidando en madrigueras de conejos. Cuando sale en busca de comida va en grupo para defenderse mejor de petreles o gaviotas.

La Golondrina

La golondrina vuelve todos los años al mismo nido, fabricado con bolitas de barro mezcladas con saliva. Casi siempre construye el nido debajo de los tejados.

Se alimenta de insectos voladores que atrapa en el aire.

Como muchas otras aves la golondrina vuela miles de kilómetros para emigrar a países cálidos.

El Gorrión

El gorrión es un pájaro al que le gusta estar cerca del hombre. Hay gorriones en ciudades, pueblos y granjas.

A los gorriones no les gusta vivir solos. Prefieren la compañía y viven en colonias.

Es un gran comedor de semillas. Los campesinos ponen espantapájaros en los campos cultivados para que los gorriones no se acerquen.

La Paloma

La paloma siempre ha estado cerca del hombre. La paloma mensajera posee un gran sentido de la orientación. Es capaz de encontrar su palomar después de recorrer cientos de kilómetros.

La paloma viaja en pequeñas bandadas. Su vuelo es rápido.

Muchas palomas viven en las ciudades. También en el campo: la paloma zurita anida en huecos de árboles o en madrigueras de conejos.

El Gallo y la Gallina

El gallo canta cuando sale el sol. Es el que despierta a los demás animales de la granja.

La gallina pone huevos y los incuba para tener pollitos. Los pollitos comen solos desde que salen del huevo. No les hace falta que la gallina les ponga el alimento en el pico como pasa con otras aves.

El Faisán

El macho del faisán tiene un plumaje de gran colorido.

En libertad el faisán duerme en los árboles con otros de su misma especie. También se cría en granjas.

Su vuelo es bajo, pero prefiere correr a esconderse. Se alimenta de frutos y semillas.

La Perdiz

Fabrica sus nidos entre arbustos o hierba alta.

La perdiz solo vuela en recorridos cortos. Como el faisán, prefiere correr a esconderse.

La perdiz es perseguida por los cazadores. Para esconderse de ellos sus plumas le sirven de camuflaje.

El Avestruz

Tiene unas patas fuertes y robustas que le permiten correr. Es el ave que más rápido corre.

Es un ave que no vuela porque es muy pesada.

Los avestruces comen en grupo, así mientras la mayoría de ellos se dedican a alimentarse de hojas, semillas y flores, uno o dos vigilan y dan la voz de alarma en caso de peligro.

El Urogallo

El urogallo es un ave de gran tamaño en peligro de desaparición.

El macho del urogallo seduce a la hembra con bailes y cantos.

Su alimento favorito es el fruto rojo de un árbol llamado acebo.

El Guacamayo

El Canario

El canario es un pájaro apreciado por el hombre por su canto bello y melodioso. Se alimenta de alpiste y otras semillas.

El guacamayo tiene un plumaje vistoso y colorido. Vive en zonas cálidas.

El Cuco

El cuco pone sus huevos en los nidos de otras aves.

El pollo del cuco sale antes que las otras crías. Entonces tira los huevos del nido y se queda él recibiendo comida de los padres adoptivos.

El Abejaruco

El abejaruco excava galerías en el barro de los ríos. Al final de la galería construye una cámara y allí hace el nido para los polluelos.

Se llama así a este pájaro porque con su pico caza abejas, su alimento favorito. Es el terror de las colmenas.

Vive en las riberas de los ríos de Europa.
En otoño emigra en busca del calor.

La Urraca

La urraca come de todo, desde pájaros a ratones, también insectos y ¡hasta los huevos de otros pájaros!

El Mirlo

Al mirlo se le puede ver en jardines, parques y bosques. Es fácil reconocerlo por su plumaje negro y su pico amarillo.

La Garcilla Bueyera

La garcilla bueyera casi siempre está subida en el lomo de algún animal grande: antílope, rinoceronte, jabalí o buey. Allí picotea los parásitos que encuentra.

El Colibrí

Le gusta mucho el néctar de las flores, que extrae con su largo pico.

El colibrí es el único pájaro que se desplaza hacia adelante, atrás y a los lados.

El Pájaro Carpintero

Hay un pájaro carpintero, el bellotero, que con el pico hace agujeros en los troncos de los árboles y los rellena de bellotas. Es su despensa.

El Martín Pescador

En invierno, cuando las aguas de los ríos están heladas, el martín pescador rompe el hielo para poder pescar y alimentar a sus polluelos.

Animales extinguidos

El Tiranosaurio era muy agresivo. Su alimento era la carne.

El Ictiosaurio era de la especie de los dinosaurios marinos.

Los Dinosaurios

Los dinosaurios eran unos reptiles que poblaron la tierra hace muchos años.

Animales extinguidos

El Mamut

El mamut y el mastodonte desaparecieron hace millones de años. Eran parecidos al elefante, pero al vivir en los hielos se protegían la piel con pelo.

El Mastodonte

ÍNDICE ALFABÉTICO